Karl Knortz

Der frobelsche Kindergarten

und seine Bedeutung für die Erhaltung des Deutschtums im Auslande

Karl Knortz

Der frobelsche Kindergarten
und seine Bedeutung für die Erhaltung des Deutschtums im Auslande

ISBN/EAN: 9783743464520

Hergestellt in Europa, USA, Kanada, Australien, Japan

Cover: Foto ©ninafisch / pixelio.de

Weitere Bücher finden Sie auf **www.hansebooks.com**

Der

Fröbel'sche Kindergarten

und

ne Bedeutung für die Erhaltung des
Deutschthums im Auslande.

Von

Karl Knortz,

Schulsuperintendent zu Evansville in Indiana.

Zweite Auflage.

Glarus und Leipzig.
Schweizerische Verlags-Anstalt (B. Vogel).
1895.

I.

Jedem Freunde der Erziehung und des rationellen Unterrichtes muß es zur großen Freude gereichen, wenn ihm durch die Verhandlungen der sogenannten Lehrerinstitute, sowie durch zahlreiche, dem amerikanischen Schulwesen gewidmete Zeitungen die Ueberzeugung aufgedrungen wird, daß sich in dem Lande der mechanischen Erfindungen allmälig die Idee Bahn bricht, auch die Erziehungskunst sei eine Wissenschaft und habe als solche eine langjährige, lehrreiche Geschichte hinter sich, deren Studium sich wohl lohne.

Allerdings gibt es auch heute noch zahlreiche stockamerikanische Lehrkräfte, besonders weiblichen Geschlechtes, die theils aus totaler Unkenntniß des Schulwesens anderer Länder, theils aus dem mit der Muttermilch eingesogenen dummdreisten Nationaldünkel immer noch dem unerschütterlichen Glauben huldigen, die öffentlichen Schulen Amerikas seien die vorzüglichsten der ganzen Welt, und die übrigen Völker des Erdkreises hätten also schleunigst nichts besseres zu thun, als dieselben zu kopiren, um ebenfalls die fabelhafte Höhe der amerikanischen Kultur zu erklimmen, damit sie auf das Prädikat einer civilisirten Nation Anspruch erheben können.

Allein es muß hier zu gleicher Zeit die erfreuliche Thatsache konstatirt werden, daß sich die leitenden

Pädagogen Amerikas doch der vielen Mängel ihres Schulwesens bewußt sind, und daß sie sich auch nicht im geringsten scheuen, ihre Ansichten öffentlich auszusprechen, den verbohrten Nativisten die Vorzüge deutscher Metho= den zu erklären und dieselben zur Annahme zu empfehlen.

Es mag allerdings den amerikanischen Knownothing unangenehm berühren und ihn an seiner empfindlichsten Stelle treffen, wenn er sehen muß, daß z. B. in die groß angelegte und äußerst verdienstvolle, „International Edu- cation Series" (New=York bei Appleton) zahlreiche Werke aufgenommen worden sind, die von deutschen Verfassern stammen, und daß ferner die in G. Stanley Hall's „Educational Bibliography" (Boston 1893) angeführten und warm empfohlenen Bücher über die verschiedenen Zweige der Erziehung und des Unterrichtes zum größten Theile deutschen Federn entflossen sind; an der Thatsache aber, daß die Amerikaner in Schulangelegenheiten noch viel von Europa zu lernen haben, ändert dies nichts.

„Wohl ist", sagt Euripides in seinem „Hippolytos", „ein großer Meister, der so mächtig ist, die Unverstän= digen zum Verstand zu nöthigen". Aber der große Meister, der das amerikanische Schulwesen von Grund aus refor= miren und es vom alten, hergebrachten Schlendrian und dem geisttödtenden Mechanismus befreien und die bisher gebrauchten Textbücher — Eselsbrücken wäre hier das richtige Wort — beseitigen und durch einen frischen, freien Unterricht ersetzen will, muß nicht nur eine größere Machtbefugniß besitzen, als sich die meisten Schulmänner

rühmen können, sondern er muß auch außer der nöthigen
Geduld im Anfang den Muth der Ueberzeugung haben
und sich in der Ausführung derselben durch keinerlei Hin=
dernisse beirren lassen. Und in einer solchen Lage be=
finden sich leider bis jetzt nur die allerwenigsten ameri=
kanischen Pädagogen.

Die Aufgabe der Schule wächst und verändert sich
stets mit den sich beständig mehrenden Anforderungen
der Kultur und des Lebens. Die Wissenschaften schrei=
ten unablässig fort und ihre praktischen Resultate sind
von solcher Bedeutung, daß sie die Schule in den Be=
reich ihrer Thätigkeit ziehen muß, wenn sie ihrer Auf=
gabe gerecht werden will.

Man klassifizirt die Unterrichtsgegenstände gewöhn=
lich als nothwendige, nützliche und angenehme und be=
rücksichtigt natürlich vor allen Dingen die in die erst=
genannte Kategorie gehörenden; aber bei der heutigen
raschen Vermehrung des Bildungsstoffes ist es nicht im=
mer möglich, den zweckmäßigsten Unterschied zwischen den
nothwendigen, nützlichen und angenehmen Lehrfächern ge=
nau zu bestimmen, um demgemäß zu verfahren, so daß
also gar häufig der Schule der Vorwurf gemacht wird,
sie überbürde die Jugend, verkrüppele dieselbe geistig wie
körperlich und raube ihr jede natürliche Lebensfreudigkeit.

Daß dieser Vorwurf nicht so ganz grundlos ist,
kann man in unseren amerikanischen Schulen täglich beob=
achten. Rationelle Unterrichtsmethoden, sowie eine theil=
weise Umgestaltung der äußeren und inneren Organisation

des Schulsystems würden hier schon manchem Uebelstand
abhelfen; allein so bereitwillig auch die Nothwendigkeit
und Wichtigkeit solcher Neuerungen eingestanden wird,
in die Praxis werden letztere jedoch sehr selten übertragen;
denn so aufrichtig der Amerikaner dem Fortschritte im
Allgemeinen huldigt und so schnell er sich jede Zeit= und
Geld ersparende Erfindung zu Nutzen macht, so furchtsam
und langsam ist er auf pädagogischem Gebiete. Und er
brauchte sich hier nur einfach, was er doch in sonstigen
Fällen so gerne thut, der Erfahrungen zu bedienen, welche
andere Länder seit Jahrhunderten gesammelt haben.

Auf allen Jahresversammlungen der amerikanischen
Lehrer werden zahlreiche, hin und wieder auch gediegene
Reden über die Nothwendigkeit verbesserter Methoden
gehalten; die Zuhörer lauschen denselben geduldig und
geben zuweilen auch ihrer Uebereinstimmung mit den
vorgeschlagenen Neuerungen Ausdruck; allein damit ist
diese Angelegenheit in den meisten Fällen erledigt und
der Enthusiasmus verraucht. Und wenn man wirklich
einmal versucht, eine rationelle Methode zur Anwendung
zu bringen, so wird derselben doch, wie die tägliche Be=
obachtung lehrt, jeder Geist ausgetrieben, so daß die
ursprüngliche Idee ganz und gar erdrückt wird und man
in kurzer Zeit wieder bei dem gewohnten Mechanismus
anlangt. Dies ist auch schon deshalb nicht zu verwun=
dern, weil Amerika keinen den andern Kulturländern
ähnlichen professionellen Lehrerstand besitzt, und weil
die Leitung und Beaufsichtigung desselben meistentheils

solchen Beamten übertragen ist, die sich wohl politi=
schen Einflusses, aber keiner gediegenen pädagogischen
Kenntnisse rühmen können.

Außerdem steht der Annahme vernünftiger Erzieh=
ungs= und Unterrichtsprinzipien auch noch der den Durch=
schnittsamerikaner charakterisirende Eigendünkel im Wege,
der ihn verhindert, das Gute zu verwerthen, das ihm
ein Europäer, besonders aber ein Deutscher bietet; ja, er
betrachtet es gerade als eine Unverschämtheit, wenn ihn
ein im Auslande geborener Bürger unaufgefordert eines
Besseren belehren will. So sieht denn die amerikanische
Lehrerin — der männlichen Lehrer gibt es bekanntlich so
wenige, daß sie hier kaum in Betracht kommen — ihre
Schüler nach wie vor für ein Gefäß an, das jedes Jahr
bis zu einer bestimmten Marke gefüllt werden muß, da=
mit es den Bestimmungen gemäß in ein anderes Zimmer
gestellt werden kann, wo dann in der vorschriftsmäßigen
Füllung, ohne jede Rücksicht auf individuelle Fassungs=
gabe, fortgefahren wird, bis die sogenannte education,
in Wirklichkeit Eintrichterung, ihren offiziellen Abschluß
erreicht hat.

So wird der amerikanische Schüler das Produkt
seines mechanisch memorirten Textbuches. Seine ganzen
Kenntnisse beruhen ausschließlich auf seinem Gedächt=
nisse; geistig erfaßt, verarbeitet und sich zu eigen ge=
macht hat er nichts, und wo später das selbstständige
Denken anfängt, da ist er mit seinem Latein zu Ende.

Als sich von den sogenannten, durch Rousseaus „Emil" angefeuerten Philanthropisten des vorigen Jahrhunderts besonders der von Goethe in „Wahrheit und Dichtung" portraitirte Basedow die reblichste Mühe gab, die Kindererziehung von allem historischen Zwang zu befreien und ihr den alten Zopf abzuschneiden, da reimte der Epigrammatiker Kästner:

„Dem Kinde bot die Hand zu meiner Zeit der Mann,
Da streckte sich das Kind und wuchs zu ihm heran;
Jetzt kauern herab zum Kindlein
Die pädagogischen Männlein."

Kästner glaubte damals einen gewaltigen Witz gemacht zu haben; und doch hat er in den beiden letzten Zeilen die richtigen Grundsätze der Pädagogik hervorgehoben, denn er sagt ja, daß der Erzieher sich zum Kinde herablassen und seine wahre Natur studiren solle, um es demgemäß behandeln zu können.

Wie Rousseau, so glaubte auch Basedow, daß das Kind von Natur aus gut sei und daß es nur durch den seinen Anlagen widerstrebenden Zwang widerspenstig, unfolgsam, unaufmerksam und nachlässig gemacht werde.

Gewöhnlich kommt das Kind erst dann unter die Aufsicht des Lehrers, wenn seine Anlagen durch häusliche und sonstige Einflüsse eine Richtung und Ausbildung erhalten haben, die sich nicht immer mit den Anforderungen der Schule vertragen, so daß also der Lehrer anfangs einen großen Theil seiner Zeit und Arbeit der Ausrottung jener Hindernisse widmen muß.

Pestalozzi, und nach ihm noch mancher andere nam=
hafte Pädagog, wie z. B. Schleiermacher, erwarteten
daher das Heil der Erziehung von der heilsamen Ein=
wirkung der Eltern; doch klagt in dieser Hinsicht Goethe
mit Recht:

„Man könnte erzogene Kinder gebären,
Wenn die Eltern nur selber erzogen wären."

Da nun einmal das Haus das Centrum aller
Erziehung ist, aber nur äußerst wenige Familien ihrer
Aufgabe zu genügen vermögen, so sah von den neueren
Pädagogen besonders Friedrich Fröbel die Noth=
wendigkeit ein, des Kind schon vor der gesetzlichen Schul=
zeit in kompetente Obhut zu nehmen und es seinem
Alter und seinen individuellen Fähigkeiten entsprechend
geistig wie körperlich für die eigentliche Schule und da=
mit für das Leben vorzubereiten.

Als Mittel zu diesem Zwecke diente ihm die päda=
gogische Verwerthung des Spieles, dessen Wichtigkeit
schon von Plato eingesehen, aber erst von Fröbel richtig
gewürdigt und praktisch demonstrirt wurde.

Plato erlaubte dem Kinde, daß es sich vom 3. bis
7. Jahre spielend beschäftige; dabei aber sollte es ge=
wissenhaft beobachtet werden, theils um seine wahren
Anlagen auszufinden, theils um durch Leitung der Spiele
seinen Charakter zu bilden und ihm allerlei nützliche Kennt=
nisse beizubringen. „Das Spiel" sagt er, „hat den mäch=
tigsten Einfluß auf die Erhaltung und Zerstörung der

Gesetze; denn wenn es nach vorgeschriebenen Regeln ausgeführt wird und die Kinder sich bei ihren Vergnügungen genau nach bestimmten Vorschriften richten müssen, so werden sie auch später den öffentlichen Gesetzen Gehorsam entgegen bringen."

Allein Plato übersah, daß durch das schulmeisternde Hervordrängen bei dem kindlichen Spiele letzteres leicht seinen ursprünglichen Charakter verliert und dem Kinde zur Qual wird, so daß es sich nach der Gelegenheit sehnt, seinen Spieldrang ungehindert und unbewacht mit Seinesgleichen befriedigen zu können. Deshalb wünscht auch Rousseau, daß wenn es möglich wäre, der Erzieher der Jugend selber noch ein Kind sei, damit er sich des Vertrauens seines Zöglings ungeschmälert erfreue und in Wahrheit dessen Spielkamerad sei. — Ein trockner, beständig moralisirender Schulmeister paßt nicht einmal in das Unterrichtszimmer, viel weniger auf den Spielplatz.

Auch der Philosoph Herbart legt dem Spiele große Wichtigkeit bei und hält das lebhafte Spielen der Kinder für ein erwünschtes Zeichen, deutet es doch an, daß solche Spieler keine Schlafmützen sind und keine Anlagen zur Muckerei, Streberei und Augendienerei haben.

Spielen ist einmal die wichtigste und ernsteste Beschäftigung des Kindes; es befördert sein Denken, stärkt sein Beobachtungsvermögen und nährt seinen Erfindungstrieb. Von der Bedeutung des Spieles überzeugt, sann auch Pestalozzi in seinen letzten Lebensjahren darüber nach, wie das Kind zweckmäßig zum Spielen angehalten und dadurch für das eigentliche Lernalter vorbereitet würde; doch erst Fröbel war es vorbehalten, das, was Pestalozzi suchte, zu finden, und ihm und seinem Kindergarten sollen daher die nachfolgenden Zeilen gewidmet sein.

II.

Friedrich Fröbel — ich halte mich hier hauptsächlich an seine autobiographischen Aufzeichnungen — wurde am 21. April 1782 zu Oberweißbach, einem schwarzburg=rudolstädt'schen Dorfe, geboren, woselbst sein Vater als Geistlicher einen ausgedehnten Sprengel bediente. Da seine Mutter frühzeitig starb, so wurde er der ausschließ=lichen Aufsicht des Gesindes überlassen, bis er dann in seinem 4. Jahre eine Stiefmutter bekam, die ihn nach der herkömmlichen Art ihres Standes behandelte, ihn mit dem wegwerfenden „Er" anredete und ihm auch bald den Vater entfremdete. Als sein Oheim, der Super=intendent Hoffmann aus Stadt=Ilm 1792, seine Eltern besuchte und die äußerst mißliche Lage des jungen Kna=ben bemerkte, bat er dessen Vater, ihn ihm zu überlassen, was derselbe auch bereitwillig that. Von nun an hatte der junge Fröbel doch wieder eine Heimath; er wurde mit Milde behandelt, fand Spielkameraden und man ließ ihm auch die nöthige Freiheit, sich mit denselben in Feld und Wald herum zu tummeln.

Als die Zeit nahte, in der sich Fröbel für die Wahl eines Berufes entscheiden sollte und ihm auf Veranlassung seiner Stiefmutter die Mittheilung gemacht worden war, daß er sich, um das Vermögen seines Vaters nicht zu schmälern, keinem akademischen Studium widmen dürfe, übergab man ihn, da ein Oekonom zu viel Lehrgeld ge= fordert hatte, einem Forstmanne, der den Ruf eines tüch= tigen Geometers genoß, zur weiteren Ausbildung.

Als Fröbel Forstlehrling wurde, war er 15½ Jahre alt. Sein Vorgesetzter war jedoch in der Kunst des Unterrichtens unerfahren und hatte außerdem auch weder Lust noch Zeit, sich mit ihm abzugeben, so daß also Fröbel auf Selbstunterricht angewiesen war und froh sein mußte, wenn ihn ein benachbarter Arzt in die Anfangsgründe der Botanik einweihte.

Da der von jenem Forstmanne an Fröbels Vater erstattete Bericht über seinen Zögling ungünstig lautete, so wurde letzterer zu einem seiner in Jena studirenden Brüder geschickt, um die Lücken seines Wissens auszu= füllen. Dort ließ sich Fröbel als Student der Philosophie einschreiben und hörte Vorlesungen über alle erdenkliche Gegenstände, hauptsächlich aber über mathematische und naturwissenschaftliche Fächer.

Seine pekuniäre Lage wurde nun bald eine bedrängte, sodaß er sogar, da ihm sein Vater auf Zureden der Stiefmutter keinen Zuschuß zukommen ließ, neun Wochen

Schulden halber im Carcer schmachten und dann seine
akademische Studien aufgeben mußte.

Nach dem bald darauf erfolgten Tode seines Vaters
erhielt Fröbel eine Stelle als Forstamtsaktuar bei Bam=
berg, ohne jedoch dadurch zu einem festen Plan für seine
Zukunft zu gelangen, wie es ihm denn damals überhaupt
schwer ward, einen bestimmten Entschluß zu fassen und
denselben auszuführen.

Sein ältester Bruder, ein Geistlicher, an dem er
stets eine sichere Stütze besaß, hatte ihm 1805, bei Ge=
legenheit eines Besuches, in das Stammbuch geschrieben:
„Des Mannes Loos ist Kampf bis zum Ziele. Handle
als Mann, lieber Bruder; fest und entschlossen bekämpfe
die Hindernisse, die sich dir entgegenstellen und sei getrost:
du wirst an's Ziel gelangen."

Diese Worte wurden von nun an sein Leitstern;
nur war er bis jetzt betreff eines Zieles oder vielmehr
einer zielbewußten Wirksamkeit noch nicht mit sich ins
Reine gekommen. Dies geschah aber bald darauf, als er
mit Gruner, einem Schüler Pestalozzi's, der in Frankfurt
am Main einer Schule als Oberlehrer vorstand, bekannt
wurde und der ihm, nachdem ihm Fröbel sein Inneres
enthüllt, nicht nur den wohlgemeinten Rath gab, sich dem
Lehrerstande zu widmen, sondern der ihm auch gleich eine
Stelle an seiner Schule anbot.

Jetzt war Fröbel im richtigen Fahrwasser. Er stu=
dirte die Schriften Pestalozzi's und ward davon in solchem

Grade hingerissen, daß er noch in demselben Jahre (1805) mit Empfehlungen Gruners versehen nach Yverdon in der Schweiz reiste und zwei Wochen lang die Wirksam= keit des pädagogischen Altmeisters an Ort und Stelle studirte. Was ihn besonders interessirte und sympa= thisch berührte, war die weitgehende Berücksichtigung der Individualität der Schüler durch Pestalozzi; sonst aber hatte er Manches an dem Verfahren jenes Schul= mannes auszusetzen.

Fröbel hatte also, wie gesagt, seinen wahren Lebens= beruf endlich entdeckt, ohne jedoch die dazu nöthige Festig= keit und Sicherheit zu besitzen. Er gab daher seine Frankfurter Stelle auf und wanderte abermals nach Yverdon, um Pestalozzis Lehrmethode gründlicher zu studiren, als ihm bisher möglich gewesen war.

1811 finden wir den unstäten Fröbel auf der Uni= versität Göttingen, um Sprachstudien obzuliegen. Das Griechische, auf das er es hauptsächlich abgesehen hatte, fesselte ihn jedoch nur kurze Zeit, so daß er es bald mit dem Studium der Naturwissenschaften vertauschte, das er späterhin in Berlin fortsetzte, woselbst er auch Unterricht an einer Privatanstalt gab.

Im Jahre 1813 rief ihn sein Vaterland zur Ver= theidigung, denn er hatte, wie er damals sagte, kein solches, sondern nur ein Geburtsland. Doch er sah, daß jeder Knabe, den er später erziehen werde, ein Vaterland haben würde und daß dieses gegen fremde Eindringlinge geschützt werden müsse; er sah ferner, daß der Patriotis=

muß eine nothwendige Bürgerpflicht war, die er seinen
Schülern einzuimpfen hatte und da fragte er sich, welchen
Eindruck seine bezüglichen Lehren machen würden, wenn
er dabei eingestehen müßte, daß es ihm zur Zeit der
schwersten Noth Deutschlands selber an Aufopferung und
Muth gebrochen habe, seine Vaterlandsliebe durch die
That zu beweisen?

Friedrich Fröbel schloß sich also der Infanterie-
Abtheilung des Lützow'schen Freiwilligenkorps an. Bei
dieser Gelegenheit machte er auch die Bekanntschaft seiner
späteren Mitarbeiter Langethal und Middendorff und
schloß mit ihnen einen Freundschaftsbund für das Leben.

Da jene Abtheilung der Lützower mit keinem Feinde
in's Handgemenge gerieth, so hatten die jungen Leute
genügend Zeit und Gelegenheit, sich mit andern als
militärischen Fragen zu beschäftigen, und Fröbel verstand
es meisterhaft, sie zu bestimmen, sich der Reformation
des Schul- und Unterrichtswesens zu widmen.

Nachdem Napoleons Kraft gebrochen und Deutsch-
land von dem fremden Eroberer befreit war, ging Fröbel
nach Berlin zurück und war auch so glücklich, daselbst
eine Stelle am mineralogischen Museum zu erhalten.
Dabei aber ließ ihm seine pädagogische Mission keinen
Augenblick Ruhe.

Mit spärlichen Mitteln ausgerüstet, eröffnete er 1816
zu Griesheim, einem Dorfe an der Ilm, eine Privat-
lehranstalt; 1817 verlegte er dieselbe nach Keilhau, wo
Langethal und Middendorf seine treuen Gehilfen wurden.

Fröbel übte einen wahrhaft zauberischen Einfluß
auf seine Zöglinge aus; alle bildeten eine große, glück=
liche Familie, worüber uns der liebenswürdige Roman=
schriftsteller und Gelehrte Georg Ebers, der einen Theil
seiner Schuljahre dort zubrachte, im ersten Bande seiner
Autobiographie eine überaus reizende Darstellung ge=
liefert hat.

Der Hauptgrundsatz Fröbels bestand in der harmo=
nischen Ausbildung der geistigen und körperlichen Fähig=
keiten seiner Schüler; deshalb wurde auch dem Turn=
unterricht, sowie allerlei Handarbeiten große Aufmerk=
samkeit gewidmet. Die in Keilhau erzogenen Schüler soll=
ten sich durch edle, humane und liberale, überhaupt durch
echt deutsche Gesinnung auszeichnen; sie sollten ein offenes
Auge für ihre Umgebung und ein warmes Herz für
ihre Mitmenschen besitzen. Fröbel wollte, wie er sagte,
Jünglinge erziehen, die später dem Staate als gewissen=
hafte Rechtslehrer und als intelligente, fleißige Bürger
dienen, und in der Familie als treue, pflichtbewußte
Hausväter auftreten könnten; um Bücklinge zu machen
und Kravatten zu binden, fügte er hinzu, dazu bedarf es
keines Unterrichtes, das lernt man nur zu schnell.

Trotzdem Fröbel ziemlich religiös angelegt war, so
konnte er doch dem Unterrichte in den kirchlichen Dogmen
des Christenthums, die man leider immer noch mit Re=
ligion verwechselt, keinen Geschmack abgewinnen, was ihn
und seine Schule natürlich bald dermaßen in den Geruch
der Ungläubigkeit brachte, daß die schwarzburg=rudol=

städter Regierung (1825) von der preußischen ersucht
wurde, die Anstalt zu Keilhau aufzulösen. Dieselbe be=
eilte sich jedoch damit nicht, sondern schickte zuerst einen
kompetenten Schulmann zur ausführlichen Berichterstat=
tung dahin. Jener Bericht, der in Lange's Ausgabe
von Fröbels Werken wortgetreu abgedruckt ist, stellte
der Wahrheitsliebe und der Vorurtheilsfreiheit, sowie dem
ungetrübten Auge und der aufrichtigen Begeisterung des
Verfassers für den humanen Fortschritt auf dem Gebiete
des Erziehungswesens das günstigste Zeugniß aus; ja er
ist gewissermaßen die erhabenste Lobrede, die jemals auf
das edle und uneigennützige Streben eines enthusiastischen
Schulmannes gehalten worden ist.

Christian Zeh, der Verfasser dieses Schriftstückes,
erklärte, daß Lehrer und Schüler der Anstalt zu Keilhau
eine große Familie bildeten, die durch die Bande der
Liebe und des Vertrauens verknüpft seien. Um keine
Standesvorurtheile aufkommen zu lassen, werde jeder
Schüler einfach bei seinem Taufnamen genannt; die Ord=
nung der Anstalt sei eine mustergültige und die dort
befolgte Lehrmethode befördere eine freudige und frei=
willige Geistesthätigkeit, so daß der Schüler ebenso heiter
zum Lernen, wie zum Spielen eile. Zeh stellte der
Fröbel'schen Anstalt eine große Zukunft in Aussicht und
pries jedes Land glücklich, das sich eines solchen Insti=
tutes erfreute.

Allein schon der Umstand, daß jene Anstalt zu einer
offiziellen Berichterstattung Veranlassung gab, nöthigte zu

3

jener Zeit der religiösen und politischen Demagogenriecherei
besonders die Abligen, ihre Kinder aus Keilhau zurück=
zufordern, um ja bei der Regierung keinen Anstoß zu
erregen. Die Folge davon war, daß bereits 1827 das
Fröbel'sche Unternehmen dem Untergange nahe war. Mit
den Schülern blieben natürlich auch die Gelder aus, aber
alle Widerwärtigkeiten machten Fröbel nicht in seinen
Bestrebungen irre und hinderten ihn nicht, immer neue
Pläne für die Zukunft zu schmieden. Ohne an das völlige
Aufgeben seiner Anstalt in Keilhau zu denken, plante er
die Errichtung eines Erziehungsinstitutes zu Helba, das
insofern eine wahre Volksschule werden sollte, als er darin
den nützlichen und praktischen Handarbeiter der Schüler
einen größern Werth beilegen und auch eine Schule für
Kinder von 3—6 Jahren damit in Verbindung bringen
wollte.

An Plänen fehlte es Fröbel überhaupt niemals, und
wenn ihm, dem ideal angelegten, höchst unpraktischen
Menschen die Ausführung derselben aus Mangel an Selbst=
erkenntniß nicht gelang, so machte er stets Andere dafür
verantwortlich; er selbst aber hielt sich für unfehlbar, und
weil er dies zu seinem Schaden nicht einsah, so trat er
oft schroff und rücksichtslos gegen seine Mitarbeiter auf,
was seinen Plänen natürlich auch nicht förderlich war.

Als jedoch Fröbel sah, daß in Helba infolge des
Nichthaltens der ihm gemachten Versprechungen nichts
für ihn zu hoffen war, reiste er nach Frankfurt a. M.,
wo ihn der dort lebende Komponist Schnyder von Warten=

see, der sich lebhaft für das Erziehungswesen interessirte und der einst auch Pestalozzi wacker unterstützt hatte, beredete, auf seinem Gute Wartensee am Sempachersee in der Schweiz ein Institut zu gründen. 1831 reiste Fröbel in Begleit seines Neffen dahin ab, seine übrigen Mitarbeiter, zu denen sich auch inzwischen der umsichtige Schulmeister Barop gesellt hatte, in Keilhau zurücklassend.*) Letzterer eilte jedoch bald mit einem abgeschabten Frack auf dem Rücken und zehn Thalern in der Tasche, auf Schusters Rappen nach der Stätte Fröbels und sah, daß sich nur einige Bauernkinder, die erwarteten Kinder reicher Eltern aus der Umgegend aber nicht eingestellt hatten, weil Fröbel von den Geistlichen als Ketzer gebrandmarkt worden war, was bei einer streng katholischen Bevölkerung stets die beabsichtigte Wirkung hat.

Da nun außerdem das Schloß Wartensee derart gebaut war, daß es sich nicht gut als Schulgebäude verwerthen ließ, so erhielten unsere Wanderschulmeister den Auftrag, in Willisau, woselbst ihnen ein geeignetes Haus zur Verfügung gestellt wurde, eine Lehranstalt zu gründen, und sie erlebten auch die Freude, daß sich bei der Eröffnung derselben vierzig Schüler einfanden.

Alles ging so weit gut, bis sich die katholischen Geistlichen wieder regten und ihre blindgläubigen Schafe

* Es ist merkwürdig, daß in Schnyder von Wartensees Biographie, die 1888 zu Zürich von der nach ihm genannten Stiftung herausgegeben wurde, sich auch kein Wort über Fröbels Verbindung mit dem berühmten schweizerischen Komponisten findet.

dermaßen aufwiegelten, daß diese das Leben der ketzerischen
Eindringlinge bedrohten. Ja, ein Kapuziner stellte sogar
allen denjenigen, welche jene Fremden unterstützten, ewige
Verdammniß in Aussicht und forderte seine Gläubigen
auf, sie wie Wölfe aus dem Lande zu treiben. Als nun
einst Barop mit einem dieser zelotischen Geistlichen in
einem Gasthofe zusammen traf und merkte, wie dessen
Leute heimlich Drohungen gegen ihn ausstießen, so daß
er das Schlimmste befürchtete, trat er muthig auf den
Gottesmann zu und fragte ihn mit lauter Stimme, ob
Christus Katholik oder Protestant gewesen sei. Er erhielt
allerdings keine Antwort, aber die Folge dieser Frage
war, daß man ihn in Ruhe ließ.

Nun wurde Barop der wohlgemeinte Rath gegeben,
eine öffentliche Prüfung seiner Schüler abzuhalten, um
durch die Leistungen derselben das Publikum für sich und
seine Sache zu gewinnen. Diese Prüfung fiel dann auch
glücklicherweise so glänzend aus, daß alle Widersacher ver=
stummten und jener wüthende Kapuziner veranlaßt wurde,
den betreffenden Kanton, Luzern nämlich, zu verlassen.

Trotz alledem aber wollte es in Willisau nicht so
recht vorwärts gehen, denn die hohe Geistlichkeit, welcher
jeder aufklärende Fortschritt, besonders der auf dem Ge=
biete des Unterrichtes, von jeher ein Dorn im Auge ge=
wesen ist, ließ sich in ihren öffentlichen und geheimen
Agitationen gegen die fremden Neuerer durchaus nicht irre
machen, und da der Einfluß derselben bei der unteren Volks=
klasse maßgebend war, so mußte denn die Anstalt wohl oder

übel geschlossen werden, wozu auch noch der Umstand beitrug, daß Fröbel inzwischen (1835) nach Burgdorf übergesiedelt war und daselbst die Einrichtung und Lei= tung eines Waisenhauses übernommen hatte. Bald folgten ihm die Lehrer Langethal und Ferdinand Fröbel; Barop und Middendorff gingen nach Keilhau zurück, wo gün= stigere Verhältnisse eingetreten waren.

Die fortwährende Kränklichkeit seiner Frau bestimmten Fröbel jedoch, sein Amt in Burgdorf bald wieder nieder= zulegen und nach Berlin zurückzukehren. Da er sich in= zwischen von der absoluten Nothwendigkeit überzeugt hatte, daß der Unterricht des Kindes schon im Spielalter desselben beginnen müßte, so faßte er den Plan zur Grün= dung einer Kleinkinderschule, durch welche der grelle Un= terschied zwischen Schule und Haus ausgeglichen werden sollte. Jene Anstalt sollte zu Blankenburg in der Nähe von Keilhau ins Leben gerufen werden. Lange fehlte es ihm an einem passenden Namen für dieselbe. Als er nun einst mit Middendorff und Barop nach Blankenburg spazierte, blieb er, wie der Letztgenannte erzählt, plötzlich wie gefesselt stehen und rief dann laut in die Berge hinein, daß es aus allen vier Winden wiederhallte: „Heureka! Kindergarten soll die Anstalt heißen!"

In Blankenburg und Liebenstein wurden die ersten Versuche angestellt; darauf wurde der Kindergarten nach Marienthal, einem vom Herzog von Meiningen einge= räumten Schlößchen verlegt, wo er einen recht erfreulichen Aufschwung nahm. Einflußreiche Pädagogen wallfahr=

teten nach demselben und statteten günstige Berichte über seine Wirksamkeit ab.

Fröbel hatte schließlich alle Ursache, mit der Anerkennung und Wirksamkeit seiner Sache zufrieden zu sein, bis dann 1851 der preußische Unterrichtsminister die Errichtung von Kindergärten verbot, weil dieselben angeblich sozialistische und atheistische Ideen beförderten. Dieses Verbot rief natürlich die Mißbilligung zahlreicher Schulmänner hervor, aber die preußische Regierung bekümmerte sich darum ebensowenig wie über die Witze, die damals der Kladderadatsch über die Gefährlichkeit, drei Jahre alter Demokraten machte.

Im folgenden Jahre starb Fröbel; doch hinterließ er Anhänger genug, die seine Bestrebungen gegen Vergessenheit schützten. Auch haben sich seit seinem Tode die sozialen Verhältnisse in allen Kulturländern derart verändert, daß, um den dadurch entstandenen vermehrten Anforderungen an das Individuum zu genügen, der Kindergarten eine unbedingte Notwendigkeit geworden ist.

III.

Die Hoffnungen, welche die Schule auf die Mitwirkung der Familie gesetzt, sind zu Schanden geworden; denn es hat sich gezeigt, daß die Mütter, denen doch die Hauptaufgabe der häuslichen Erziehung zufällt, theils aus Unkenntniß, theils aus Mangel an Zeit ihren pädagogischen Verpflichtungen nicht nachkommen, und sich in jedem Falle mit dem Gedanken trösten, die Schule werde dieses Versäumniß schon nachholen. Eine wirkliche häusliche Vorbereitung für die Schule ist also nur in Ausnahmefällen zu erwarten und um diesen Uebelstand zu beseitigen hat sich, wie früher bemerkt, die Einführung des Fröbel'schen Kindergartens als Nothwendigkeit erwiesen. Derselbe soll die Kinder vom 3. bis 7. Jahre in Aufsicht nehmen und somit den Uebergang vom Hause oder von der Straße zur eigentlichen Schule anbahnen.

Der Spieltrieb des Kindes verlangt Befriedigung. Da man nun nicht verlangen kann, daß es sich den lieben langen Tag in dumpfer, kleiner Stube, wie sie ihm in bevölkerten Städten meist zur Verfügung steht, lediglich mit sich selbst beschäftige, so muß man es, theils um frische Luft einzuathmen, theils um Spielkameraden zu suchen, dann und wann auf die Straße lassen. Die Gesellschaft, die es dort gewöhnlich findet, ist nicht immer die gewählteste, so daß Vater und Mutter ob der Bereicherung des Wortschatzes, sowie der gewonnenen moralischen Anschauungen ihres Sprößlings oft die Hände über dem Kopfe zusammenschlagen.

Man sagt nun häufig, der Kindergarten sei eigentlich nur eine Bewahranstalt für die Kinder armer Eltern und daher für besser situirte Familien entbehrlich; aber diese Ansicht ist nicht nur an und für sich grundfalsch, sondern auch dem Geiste eines auf demokratischen Prinzipien

aufgebauten Staates, wie die Vereinigten Staaten, schnur=
stracks zuwiderlaufend. Der Geselligkeitstrieb der Kinder
richtet sich naturgemäß nach Sympathie und Antipathie
und fragt nach allem Anderen nicht; nur diejenigen, welche
eine exklusive, oder sogar eine aristokratische Erziehung
zu Hause genossen haben, bringen die ihnen anerzogene
Ueberhebung auch auf den allgemeinen Spielplatz und in die
öffentliche Schule mit und inauguriren dadurch einen
Klassenunterschied, der dem Gedeihen einer Unterrichts=
anstalt durchaus nicht förderlich ist.

Da ist nun der Kindergarten, d. h. der öffentliche,
so recht an seinem Platze, denn er macht die Kinder ge=
sellig, heiter und lernbegierig und unterdrückt auch durch
das dort kultivirte Gefühl der Kameradschaft den Eigensinn,
die Rohheit, Selbstsucht, Schadenfreude und die Selbst=
überhebung.

Die Einführung des Kindergartens und die Ver=
bindung desselben mit den öffentlichen Schulen ist aus
mehrfachen Gründen von großer Wichtigkeit für Amerika.
Die häusliche Erziehung der amerikanischen Kinder ist
eine ziemlich laxe; denn da man in jedem Jungen einen zu=
künftigen Präsidenten der Republik und in jedem Mädchen
eine zukünftige Verwalterin des weißen Hauses in Washing=
ton sieht, so werden auch beide ihrem zukünftigen Stande
gemäß behandelt und die Eltern treten daher mehr als
Diener denn als Gebieter ihrer Sprößlinge auf; sie las=
sen ihnen jeden Willen und gewähren ihnen jeden Wunsch,
so daß die Kinder beim Betreten der Schule lange Zeit

brauchen, ehe sie sich in die Ordnung derselben gefunden
haben.

Auch ist die häusliche Erziehung dahier deshalb
mangelhaft, weil sich die Amerikaner männlichen und
weiblichen Geschlechts oft schon in Jahren verheirathen,
in denen sie selber noch des Lernens sehr bedürftig sind,
oder doch wenigstens nicht die nöthige Sicherheit besitzen,
Andere durch Wort und Beispiel belehren zu können.

Das im Kindergarten gebildete Kind bringt natürlich dem späteren Unterrichte ein besseres Verständniß
entgegen; es hat seine Schüchternheit überwunden und
drückt sich fließender und gewählter aus; seine Sinne
sind geschärft, sein Thätigkeitstrieb ist in die richtige
Bahn gelenkt und seine Ordnungsliebe ausgebildet; außerdem ist auch sein Körper durch gymnastische Uebungen
gestärkt und somit für geistige Arbeiten vorbereitet.

Da im Kindergarten das Spielen, welches einmal
des Kindes Arbeit ist, weder pedantisch noch streng syste-
matisch betrieben, sondern das Kind dazu liebevoll ange-
leitet, durchaus aber nicht getrieben wird, so herrscht dabei eine wohlgeordnete, naturgemäße Freiheit und dieselbe
ist nach Rousseau das sicherste und zweckentsprechendste
Erziehungsmittel, das überhaupt existirt. Dies mag wol
auch der Grund gewesen sein, weshalb es so spät zur
Anwendung gekommen ist, denn die Geschichte der Pädagogik, wie überhaupt aller Wissenschaften zeigt, daß
nichts mehr Zeit zur Anerkennung und Durchdringung
braucht, als das Einfache, Naturgemäße und Vernünftige.

Wie der umsichtige Gärtner seine Pflanzen täglich
inspizirt, jede einzelne bewässert, sie je nach Bedürf=
niß der Sonne oder dem Schatten aussetzt, sie von schäd=
lichen Insekten säubert und den Boden für sie düngt
und von Unkraut säubert, so soll auch der ächte Kinder=
gärtner seine Schutzbefohlenen behandeln; er soll ihren
Charakter gründlich studieren und die unliebsamen Re=
gungen desselben unterdrücken und veredeln; denn weil
der Mensch nach Kant nur das ist, was die Erziehung
aus ihm macht, so kann mit derselben nicht früh genug
begonnen werden.

Fröbel hatte daher seine Thätigkeit auch schon auf
den Unterricht der Säuglinge ausgedehnt, und da er
Jahre lang die Spiele der Kinder aufmerksam verfolgt
hatte, so war er in der Lage, den Müttern mit Rath
und That beistehen zu können, weshalb man übrigens
nicht blind auf ihn zu schwören und die von ihm ver=
faßten „Mutter= und Koselieder" für das geeignetste Un=
terrichtsmaterial und ihn für den Klassiker der unmündigen
Kindlein zu halten braucht.

„Das Kind will nicht ruhen, es will etwas zu thun
haben", sagt Goethe, und deshalb naht sich ihm auch
Fröbel mit seinen Gaben, sobald es die erste selbstbe=
wußte Thätigkeit zeigt. Zuerst bringt er ihm den an
einer Schnur befestigten weichen Ball, also das beweg=
lichste von allen Spielzeugen; derselbe wird von ihm nach
allen Richtungen geschwungen und gezogen und wird je

nach der Phantasie des Kindes zur springenden Katze, zum fliegenden Vogel, zum rollenden Wagen u. s. w.

An diese Gabe reiht sich später unter anderem der viereckige Würfel als Kontrast zur Kugelgestalt des Balles; dieser Uebergang ist psychologisch begründet, da gerade durch Vorführung der Kontraste die Aufmerksamkeit und damit die geistige Thätigkeit des Kindes geweckt wird.

Der Würfel, welche die sogenannte dritte Gabe bildet, ist aus acht kleineren Würfeln zusammengesetzt; dieselben können auseinander genommen, in verschiedene Reihen aufgestellt und Häuser, Tische, Brücken u. s. w. daraus gebildet werden, womit der Kindergärtner allerlei passende Belehrungen und je nach Gelegenheiten unter= haltende Erzählungen verknüpft.

Die Bauklötzchen, welche eine Erweiterung der dritten Gabe bilden, geben Veranlassung zu zahlreicheren Zu= sammenstellungen manigfacher Figuren, die der Lehrer durch entsprechende Anleitung zu beleben hat. Sie geben auch Gelegenheit, die Lebens=, Schönheits= und Erkennt= nißformen durch Selbstthätigkeit zur klaren Anschauung zu bringen, denn nur das, was das Kind selber schafft, macht ihm wahrhaft Freude. Eine ihm gereichte Puppe, auch wenn sie noch so schön ist, ruft zwar augenblicklich seinen Beifall hervor, gar bald aber wird es sich damit beschäftigen, sie aus= und anzuziehen, ihr Haar zu frisiren und sie überhaupt allmählig von Grund aus nach seinem Geschmacke zu verändern.

Unter den eben angeführten Lebensformen versteht man die Darstellung von Gegenständen aus der unmittelbaren Umgebung des Kindes; die Schönheitsformen werden durch die aus Bauklötzchen zusammengestellten Bilder von Kränzen, Kreuzen, Sternen u. s. w. gewonnen und die Erkenntnißformen beziehen sich auf Zahl= und Raumverhältnisse.

Zu den anderen Gaben Fröbels gehören die Lege= täfelchen, Thon= und Erbsenarbeiten, Papierfalten, Flechten u. s. w. Eine ausführliche Darstellung derselben, sowie der zahlreichen Kindergartenspiele, würde jedoch hier zu weit führen. Nur soviel sei noch bemerkt, daß alle diese Beschäftigungen das Kind ohne Stock und ohne strenges Moralisiren naturgemäß für den mit dem 7. Jahre beginnenden Schulunterricht vorbereiten und die Kluft, welche sich bisher zwischen diesem und dem häuslichen Leben befand, auf angenehme und lehrreiche Weise überbrücken.

Nach Fröbel soll man von dem Kinde nichts anderes fordern, als was es seiner Natur nach leisten kann; so lange man es nicht plötzlich körperlich zu einem Jünglinge oder Manne machen kann, so lange soll man diesen Versuch auch nicht auf geistigem Gebiete wagen. Alles hat, wie schon Salomo sagt, seine Zeit.

Fröbel verdanken wir die klare Verkündigung und und praktische Ausführung folgender Gedanken:

1. daß das Kind von Anfang seines Lebens an in Uebereinstimmung mit den Naturgesetzen entwickelt werden soll;

2. daß die geistig-leibliche Beschäftigung zum Zwecke der Kraftbildung dem eigentlichen Lernen vorausgehen und es fort und fort begleiten muß;

3. daß die normale Beschäftigung des ersten Kindes- alters das Spiel ist, welches daher als Erziehungsmittel für die verschiedenen Stufen des Jugendlebens organisirt werden soll;

4. daß zur gesunden Entwicklung des Kindes die Freude gehört, die wiederum nur in der richtigen Ver- wendung des Spieles ihre Nahrung finden kann;

5. daß die geselligen Tugenden des Menschen, seine Eigenschaften als „Gliedganzes der Menschheit" auch durch gesellige Erziehung wesentlich befördert werden können und sollen.

Fröbel war ein ächter Freund der Kinder; sie liebten ihn oft mehr als ihre leiblichen Eltern, denn er verstand es doch, mit ihnen zu spielen, was ihm bei der unver- nünftigen Masse oft genug das Epitheton „alter Narr" eintrug.

Der klarsehende und für den Forschritt der Erziehung so warm begeisterte Diesterweg schrieb über Fröbel, nach- dem er ihn in Liebenstein besucht hatte: „Wer es nicht gesehen, der glaubt es auch nicht, wie natürlich sich die Kinder im Kindergarten bewegen, wie heiter und froh. Wer ferner das nicht gesehen und zu beobachten Gelegen- heit gehabt hat, wie Fröbel seiner Sache hingegeben, wie er Jahr für Jahr, Tag für Tag und Stunde für

Stunde für seine Sache arbeitet; wie er, es mag kommen
wer da will und wann er will, nicht ermüdet, nicht todt=
gemacht werden kann, der glaubt es auch nicht. Der=
gleichen habe ich wenigstens in meinem Leben nicht gesehen;
man hat in Fröbel die Erscheinung eines von seiner Idee
hingenommenen Geistes."

Leider verstand es Fröbel, der doch sonst durch sein
einnehmendes Wesen und sein Jedem sympathisches Auf=
treten die Herzen aller gewann, nicht, seinen Erziehungs=
ideen den nöthigen glatten und klaren Ausdruck zu ver=
leihen: sein Stil leidet an Ueberschwänglichkeit, Steifheit,
Unklarheit und abschreckender Trockenheit, so daß es durch=
aus keine leichte Aufgabe ist, sich in seinen Werken zu=
recht zu finden und dabei die Begeisterung für die Sache
nicht unterwegs einzubüßen.*)

***

*) Ich nehme hier Veranlassung, auf die Existenz eines
1893 zu Boston erschienenen Werkes aufmerksam zu machen, in
dem ein Theil der Fröbel'schen Korrespondenz zum erstenmale
und zwar in englischer Sprache abgedruckt worden ist, da sich
für die deutschen Originale kein Verleger fand, dasselbe führt
den Titel: Froebel Letters edited with explanatory notes and
addational matters by A. H. Heinemann.

IV.

Wir kommen nun zur Schlußfrage: Welche Bedeu=
tung hat der Kindergarten für die Erhaltung des Deutsch=
thums in Amerika oder überhaupt im Auslande?

Diese Frage ist in der gegenwärtigen Zeit deshalb
von großer Wichtigkeit, weil den nativistisch angehauchten
Yankees nach Jesuitenart jedes Mittel willkommen ist,
um die deutsche Sprache aus der Schule und dem Um=
gang zu verbannen. Und es muß hinzugefügt werden,
daß ihnen dabei viele eingewanderte Deutsche durch die
Apathie — Schlafmützigkeit wäre besser — gegen ihre
angestammte Sprache, deren Literatur ihnen meistens ein
Buch mit sieben Siegeln ist, wacker in die Hände arbei=
teten, wodurch es die Knownothings in manchen Städten,
in denen sogar die Deutschen die Hälfte der Einwohner
bilden, fertig gebracht haben, die deutsche Sprache aus
den öffentlichen Schulen zu verdrängen. Als Vorwand
für dieses Auftreten wurde stets geltend gemacht, der
deutsche Sprachunterricht in den öffentlichen Schulen habe
bis jetzt so wenig geleistet, daß es nur, da die deutschen
Kinder unter sich doch nur englisch sprächen, eine unver=
zeihliche Zeit= und Geldverschwendung sei, denselben weiter
zu führen.

Dieser Einwand ist leider nicht ganz unbegründet;
denn erstens lassen es sich die meisten deutschen Eltern
Amerikas nicht angelegen sein, am häuslichen Herde ihre

Muttersprache zu pflegen, vielmehr freuen sie sich, wenn die Kinder unter sich und mit ihnen englisch sprechen, und sind schon zufrieden, wenn ihre Sprößlinge in der öffentlichen Schule die deutschen Buchstaben lernen und dieselben nachmalen. Und da die für den deutschen Unterricht erlaubte Zeit gewöhnlich kurz ist und diese noch bei jeder Gelegenheit beschnitten wird, so können die Eltern auch keine günstigeren Resultate erwarten.

Zweitens sind die meisten Lehrerinnen der deutschen Sprache an den öffentlichen Schulen hier in Amerika geboren; sie haben vorzugsweise eine englische Erziehung genossen und das Deutsche nur so nebenbei betrieben, so daß ihre Kenntniß desselben mangelhaft ist. Da sie ferner in der deutschen Litteratur, die ihnen die für ihren Beruf nöthige Begeisterung einflößen könnte, mangelhaft bewandert sind, so fehlt ihnen das wahre Interesse und die hingebende Liebe für ihren speziellen Unterrichtsgegen= stand und sie sind daher auch nicht fähig, ihre Schüler dafür zu erwärmen.*) Dazu kommt außerdem noch der Uebelstand, daß die hier nothdürftig herangebildeten Leh= rerinnen von einer entwickelnden Unterrichtsmethode keine blasse Ahnung haben und daß sie daher das ihnen aus dem englischen Schulzimmer geläufige Verfahren auch auf

*) Vor zirka 22 Jahren machte sogar der verstorbene H. Eckel, Mitglied des Schulrathes in Cincinnati in einer Zeitung den Vorschlag, die Lehrer des Deutschen von einem Examen in der deutschen Literatur zu dispensiren. Und dieser Eckel hielt sich sogar für einen aufgeklärten, dem Fortschritt huldigenden Mann!

den deutschen Sprachunterricht anwenden, wodurch dieser
dann so langweilig und trocken wird, daß sich die Kinder,
von deren freiem Willen das Erlernen des Deutschen in
vielen Schulen abhängt, häufig davon dispensiren lassen.
Es bedarf an und für sich nicht viel, um die deutschen
Schüler zu diesem Schritte zu bewegen; denn abgesehen
davon, daß es in der Natur der meisten Schüler liegt,
sich wo möglich von jeder Schulaufgabe zu befreien, so
werden sie oft genug von ihren amerikanischen Kameraden
ob ihres Deutschthums so lange gehänselt, bis ihnen dasselbe zuletzt als Schimpf erscheint, den sie nicht schnell
genug durch Aufgeben des deutschen Unterrichtes beseitigen
können.

Außerdem ist noch in Betracht zu ziehen, daß die
meisten, oder sagen wir ruhig alle englischen Lehrer der
öffentlichen Schulen dem deutschen Unterrichte durchaus
nicht gewogen sind; derselbe ist ihnen vielmehr infolge
ihrer geistigen Beschränkung und ihres nativistischen Dün-
kels so bitter verhaßt, wie dem Teufel das Weihwasser,
und sie lassen sich daher auch keine Gelegenheit entgehen,
die deutschen Schüler im Geheimen zum Aufgeben ihres
Unterrichtes zu bereden, natürlich unter dem Vorwande,
daß sie alsdann den englischen Studien größere Aufmerksamkeit widmen könnten. Und doch ist es eine unbestreitbare
und durch zahlreiche statistische Belege bewiesene Thatsache, daß gerade die Schüler, welche einen geisterwecken-
den Unterricht in der deutschen Sprache genossen haben,
in der englischen Grammatik besser und sicherer als ihre

amerikanischen Kameraden Bescheid wissen und zwar aus
dem einfachen Grunde, weil ihnen dieselbe durch das
Studium einer andern Sprache erst recht verständlich ge=
worden ist. Da ferner ein rationeller deutscher Sprach=
unterricht zugleich eine Lektion in praktischer Logik ist,
so sind sie auch in den andern Fächern ihren Mitschülern
meistentheils geistig überlegen.

Was die Kenntniß der deutschen Literatur und Philo=
sophie aus intelligenten Amerikanern machen kann, da=
von haben wir uns dahier (Evansville) im Jahre 1893
überzeugen können. Im vergangenen Winter hielt Herr
Dr. Boone, der neuerdings zum Direktor der Normal=
schule von Michigan ernannt wurde, eine Serie von Vor=
trägen über Psychologie und Pädagogik die zu den besten
gehörten, denen ich während eines 30jährigen Aufent=
haltes in den vereinigten Staaten gelauscht habe. Auch
das meist aus englischen Lehrern bestehende Auditorium
lauschte denselben mit sichtlichem Interesse, wurde ihm
doch einmal eine ungewohnte geistige Kost geliefert.

Dr. Boone fußte nur hauptsächlich auf den Ideen
deutscher Philosophen und Pädagogen, ohne jedoch ein
blinder Anbeter derselben zu sein; vielmehr zeigte er bei
zahlreichen Gelegenheiten, daß er auch ein scharfer Kritiker
war, der Alles selbstständig überdachte. Gerade dieser Um=
stand machte seine Vorträge so überaus lehrreich.

Dann hatten wir während des Sommers 1893
Gelegenheit, Herrn Parsons von der Indiana=Normal=
schule zu hören, also ebenfalls einen Pädagogen, der

durchaus keinen Hehl daraus machte, sondern vielmehr
mit Stolz darauf hinwies, daß er seine Weisheit haupt=
sächlich deutschen Quellen verdankte.

Welchen ungeheuren Abstand ihnen gegenüber bildete
doch die Hochschullehrerin aus Indianapolis, die bei der=
selben Gelegenheit ihr Auditorium mit Erklärungen eines
Gedichtes von Lowell traktirte, die an Langweiligkeit und
Trockenheit nichts zu wünschen übrig ließen, so daß jeder
die Schüler herzlich bedauerte, die sich Jahrein Jahraus
einen solchen Unterricht gefallen lassen müssen. Hier hatten
wir also auf der einen Seite zwei gebildete Amerikaner,
die ihr Wissen durch das Studium deutscher Werke be=
reichert hatten und die auch den aus denselben geschöpften
Enthusiasmus für wissenschaftliche Bestrebungen ihren
Zuhörern vermitteln konnten, und auf der anderen Seite
eine der unzähligen amerikanischen Lehrerinnen, deren
Gesichtskreis und Bildung eng begrenzt war, und die
ihren Unterrichtsgegenstand in dem gewöhnlichen Geschäfts=
tone vortrug, daß Jeder seinem Schöpfer dankte, als sie
mit ihrem Pensum zu Ende war.

Jean Paul erzählt vom Schulmeister Wuz, daß er
zu Hause in seinen Mußestunden Kochlöffel schnitzte; hätte
er statt dieser allerdings von Polizei und Obrigkeit erlaub=
ten Beschäftigung lieber ein geiststärkendes, belehrendes
Buch in die Hand genommen, um sich in seinem Berufe
zu vervollkommnen, so würde er und seine Schuljugend
mehr dabei profitirt haben. Diese schulmeisternden Wuze

aber sind noch lange nicht ausgestorben; vielmehr haben
sie in Amerika einen gewaltigen Zuwachs erhalten.

Doch kehren wir nur zu unserer eigentlichen Frage
zurück. Als im Jahre 1869 der deutsch-amerikanische
Lehrerverein zum erstenmale in Louisville tagte, machte
bei Gelegenheit einer Debatte ein Lehrer die Bemer=
kung, daß die Einführung der deutschen Sprache in
die öffentlichen Schulen der Tod derselbe bedeute. Jener
Mann, dessen Name mir entfallen ist, wurde damals
ausgelacht, ausgezischt und ausgepfiffen, und doch hatte
er, wie die Erfahrung inzwischen gelehrt hat, mit dieser
Bemerkung den Nagel auf den Kopf getroffen, denn unsere
deutsche Jugend ist nachgerade so amerikanisirt worden,
daß sie sich der Sprache ihrer Eltern nur im äußersten
Nothfalle bedient, und sie in der dritten Generation über=
haupt zum alten Eisen wirft, weshalb, beiläufig gesagt,
sich auch die Amerikaner den deutschen Unterricht an den
öffentlichen Schulen vorübergehend gefallen lassen.

Als im Sommer 1893 das Bundesturnfest in Mil=
waukee gefeiert wurde und die Jünger Jahns zur Theil=
nahme an demselben aus allen Gegenden Amerikas herbei=
geströmt waren, da berührte es manchen alten Turner
gar schmerzlich, wenn er hören mußte, wie die jüngere
Generation, mit rühmlicher Ausnahme der aus der Fest=
stadt stammenden, sich im Umgange nur des englischen
Idioms bediente. Und doch haben die Turner in ihrer
Bundesplatform die Pflege der deutschen Sprache zu ihrer
besondern Aufgabe gemacht! Aber es scheint, daß sie

mit der Annahme des betreffenden Paragraphen schon
genug gethan zu haben glauben, denn mit der beharrlichen
Ausführung desselben haben sich, wie mit der Pflege der
geistigen Turnerei überhaupt, nur äußerst wenig Vereine
befaßt. Hätte das laute Pochen auf das Deutschthum
hinter dem Bierglase auch nur die geringste Bedeutung,
so würden es die Nativisten einiger Städte, in denen
gerade die Turner zahlreich vertreten sind, nicht gewagt
haben, den deutschen Unterricht aus den öffentlichen Schu=
len zu verdrängen.

Die Setzer deutscher Zeitungen sprechen, das deutsche
Manuskript vor sich, unter sich meist englisch, und viele
deutsche Kirchen, die lange eine feste Burg des Deutsch=
thums gebildet haben, beschäftigen sich ernstlich mit der
Frage, ob es nicht rathsam sei, englisch zu predigen, um
den Nachwuchs der Gemeinde zu erhalten. Ja, in vielen
Kirchen geschieht dies bereits.

In dem zu Cincinnati erscheinenden „Protestantischen
Hausfreund" klagt in der Nummer vom 17. September
1893 der freisinnige Geistliche J. F. Jonas, daß die
Zahl seiner deutschen Konfirmanden in St. Louis von
Jahr zu Jahr abnehme, und daß seine deutsche Ge=
meindeschule, die mit der Ausmerzung des deutschen
Unterrichtes aus den öffentlichen Schulen wieder ins
Leben gerufen wurde, schlecht besucht werde. Zugleich
weist er auf die Thatsache hin, daß dies in früheren
Jahren anders gewesen sei. Natürlich bürdet er den
Eltern den größten Theil der Schuld an dieser Aende=

rung auf; aber er, wie überhaupt alle seine Kollegen, hätte sich doch einmal die Frage vorlegen sollen: Was habe ich denn außer meinen sonntäglichen Predigten für das durch die Einführung des Deutschen in die öffentlichen Schulen gefährdete Deutschthum gethan? Denn gefährdet wurde dasselbe dadurch, daß genannte Schulen dem betreffenden Unterrichte eine ungenügende Zeit einräumten und daß diese Zeit aber von den meisten Deutschen für genügend gehalten wurde, daß sie ihre Privat- und Kirchenschulen eingehen ließen, wozu sie außerdem auch noch durch ihre angeborene Knickerei getrieben wurden.

Haben nun die meisten schullosen Geistlichen Vorkehrungen getroffen, um das Deutschthum an seinem Rückgange zu verhindern? Haben sie durch belehrende und anregende Vorträge über deutsche Literatur und Kultur das heranwachsende Geschlecht derart begeistert, daß es stolz auf seine Abstammung ist? Haben dies etwa die Leiter der Turn- und anderen Bildungsvereine gethan? Nein, sie haben die Hände ruhig in den Schooß gelegt, so daß dann allmählig ein dem Deutschthum fremd und kalt gegenüberstehendes Geschlecht herangewachsen ist.

Euripides, den ich schon einmal citirt habe, nennt es in seinem „Jon" ein unbeschreibliches Glück:

„Wenn im Glanz der Jugend ein
Geschlecht, frisch grünend und stark
Aufblüht in den heimischen Hallen,
Um der Väter ererbten

Reichthum fortzupflanzen vom Ahn
Auf andere Geschlechter."

Es gibt im Grunde nur wenige Deutsche in Amerika, die nicht ihren ererbten Reichthum, d. h. ihre Sprache, Literatur und Musik, ihren Kindern erhalten möchten; allein wenn es gilt, für diesen Zweck in die Tasche zu greifen, dann erlahmt ihnen wie mehrfach angedeutet, plötzlich die Hand.

Unter den obwaltenden Umständen aber muß etwas geschehen, wenn das Deutschthum nicht im Laufe weniger Jahre von der Bildfläche verschwinden soll, und da nun die öffentlichen Schulen die deutschen Privat= und Kirchen= schulen verdrängt haben, ohne durch ihre Leistungen aus früher erwähnten Gründen allgemein zu befriedigen, so muß nach einem anderen Mittel gegriffen werden und ein solches ist uns dann in der Einführung des deutschen Kindergartens geboten. Derselbe bereitet die Kinder von 3 bis 7 Jahren nicht nur für den späteren allgemeinen Unterricht vor, sondern flößt ihnen auch eine Vorliebe für die Sprache ihrer Mutter ein, die später der rabia= teste Nativist nicht mehr ausrotten kann. Die Schullokale der Turn= und Kirchengemeinden stehen den Tag über leer; ein unentgeldliches Lokal wäre also für den Kinder= garten vorhanden, wenn die Frauen jener Vereine nur den nöthigen Unternehmungsgeist, die nöthige deutsche Gesinnung und die nöthige Opferfreudigkeit besäßen, ein solches Institut ins Leben zu rufen. Würden es sich dann später die männlichen Leiter jener Organisationen angelegen sein lassen, das so gegründete Deutschthum durch geeignete Vorträge zu stärken, so würden die Klagen über den Rückgang desselben bald verstummen. Die Nativisten würden bald die Erfolglosigkeit ihrer Bestre= bungen einsehen und sich wohl oder übel mit der That= sache abfinden, daß man, trotzdem man außer der Landes= sprache noch eine andere Kultursprache beherrscht, doch ein tüchtiger amerikanischer Bürger und gesinnungstreuer Patriot sein kann.

V.

Dem Kindergartensystem ist es gegangen, wie der Turnerei: es hat sich im alten Vaterlande, resp. Preußen, eine Zeitlang gefallen lassen müssen, als staatsgefährlich angesehen und polizeilich verboten zu werden, denn eine harmonische Ausbildung der körperlichen und geistigen Kräfte der Jugend und eine frische, heitere Luft im Schul= zimmer sind der politischen wie religiösen Reaktion stets in innerster Seele verhaßt gewesen. Wo man keine christ= lichen Kernlieder mit Furcht und Zittern sang, wo man sein Fleisch nicht kreuzigte, witterte man revolutionäre Ideen.

Fröbel's Schöpfung war so sehr im Wesen des Kindes begründet oder vielmehr gleichsam aus demselben heraus= gewachsen und sie war fernerhin von einem wohlthätigen,

humanen Geiste durchdrungen, daß sie wirklich dem all=
gemeinen Zeitbedürfnisse entsprach und in Folge dessen
auch nur vorübergehend unterdrückt werden konnte. Ein=
flußreiche Schulmänner erkannten allmählig die hohe Be=
deutung Fröbel's und machten durch Wort, Schrift und
That Propaganda für ihn; andere hingegen bekämpften ihn
in einer Weise, wie man sie bisher nur an Ketzerver=
folgern gewöhnt war. Daburch aber klärte sich die öffent=
liche Meinung und wo nur die Gründung eines Kinder=
gartens ermöglicht wurde, wurde das Publikum für diese
Neuerung gewonnen und endlich hatte sogar die Regie=
rung nichts mehr gegen diese Anstalten einzuwenden.

Johannes Ronge, der bekannte Deutschkatholik, trug
das Fröbel'sche System nach England; und durch seinen
gänzlichen Mangel an Organisationstalent war es ihm
nicht gelungen, die Bewohner Londons für seine „Religion
der Humanität" zu interessiren, dem Kindergartensystem
aber hat er daselbst die Bahn eröffnet und durch sein
großes Werk „Guide to the Kindergarten System" dem=
selben zahlreiche Verehrer gewonnen und dieses ist denn
auch geraume Jahre das einzige Buch gewesen, aus dem
die Amerikaner ihre Kenntniß der Fröbel'schen Ansichten
schöpften.

Ronge hatte auch ein „Kindergarten Spelling Book"
geschrieben, in dem unseres Wissens zum erstenmale der
Versuch gemacht wurde, das ursprünglich von Jacotot
ausgehende Verfahren, den Lehrunterricht nach der ana=
listisch=synthetischen Methode zu betreiben, auf die in dieser

Hinsicht so viele Hindernisse bietende englische Sprache anzuwenden. Dieses Verfahren hat sich nun auch in Amerika Bahn gebrochen und alle Kindergärtner und Kindergärtnerinnen haben sich einstimmig zu Gunsten der analistischen Lautirmethode, nach welcher also der Lese=unterricht vom Worte ausgeht, ausgesprochen und dadurch auch, da doch der Kindergarten eine Vorbereitungsanstalt für die Volksschule ist, den bisherigen geisttödtenden me=chanischen und nur das Gedächtniß beschäftigende Buch=stabirunterricht in der eigentlichen Elementarklasse bis zu einem gewissen Grade beseitigt.

In Amerika haben sich hauptsächlich die Damen Horace Mann, Elizabeth Peabody, Mathilde Kriege und Kraus=Bölte und die Herren Douai, Hailmann, Wiebe und Kraus durch Propaganda für die Fröbel'schen Kinder=gärten nicht zu unterschätzende Verdienste erworben. Auch hat der unternehmende Verleger E. Steiger in New=York durch Veröffentlichung mehrerer populär gehaltener Broschüren, die er in unzähligen Exemplaren gratis ver=theilen ließ, mehr zur Würdigung des Kindergartens und zur Beseitigung der gegen denselben existirenden Vor=urtheile gewirkt, als man glaubt.

Der Kindergarten ist besonders nachgerade in den größeren amerikanischen Städten zu einer socialen Noth=wendigkeit geworden und je eher sich die Schulbehörden entschließen, denselben zu einem Theile der öffentlichen Schulen zu machen, desto besser ist es für das gesammte Publikum. Die Verhältnisse der arbeitenden Bevölkerung

nehmen von Jahr zu Jahr eine traurigere Gestaltung
an; die Anforderungen an das Leben wachsen beständig,
aber die Mittel zur Befriedigung derselben vermindern
sich. Das Sinken des Arbeitslohnes zwingt die Frau,
ihre historische Stellung als Erzieherin ihrer Kinder und
als Hüterin trauter Häuslichkeit aufzugeben; sie muß
ebenfalls die Reihen der Lohnsklaven vergrößern und den
größten Theil ihrer Zeit außerhalb ihres Familienkreises
zur Gewinnung des nöthigen Lebensunterhaltes zubringen.
Ihre Kinder sind ohne Beaufsichtigung und allen erdenk=
lichen Versuchungen ausgesetzt und späterhin zur Ver=
mehrung des Verbrechen erzeugenden Proletariats be=
stimmt. Die Zuchtlosigkeit der Jugend über die allerorts
aus den gerechtesten Gründen geklagt wird, ist eine Er=
scheinung, die auf das soziale Elend der Massen zurück=
zuführen ist.

Da wäre also, wie gesagt, der Kindergarten als
staatliche oder städtische Institution an dem rechten
Platze; derselbe gibt dem Kinde die fehlende Heimat
und entreißt es entsittlichenden Einflüssen. Frau Eliza=
beth Thompson, eine der edelsten Damen New=Yorks,
sagt daher auch in ihrem lesenswerthen Werke „Kindergarten Homes" (New=York 1882) im Hinblick auf die
drohende Ueberfüllung unserer Armenhäuser und Gefäng=
nisse, daß den Kindern die geraubte Heimat wieder zu=
rückgegeben werden müsse, wenn wir nicht im Laufe der
Zeit schreckliche Zustände schaffen wollten.

Aus den Berichten des Bureaus für Erziehung zu

Washington geht nur die erfreuliche Thatsache hervor,
daß sich die Zahl der Kindergärten schnell vermehrt und
daß sich auch immer mehr einflußreiche Schulmänner für
Fröbel'sche Ideen begeistern. Die Amerikanerin Elizabeth
Peabody, die geistreiche Freundin Channing's und Emer=
son's, war, wenn wir nicht irren, die erste, welche in
den Neuenglandstaaten für den Kindergarten durch öffent=
liche Vorträge agitirte und die auch selbst eine solche
Anstalt errichtete. Ihr gemeinsam mit der Frau des
tüchtigen Pädagogen Mann herausgegebenes Werk „Mo-
ral Culture of Infancy and Kindergarten Guide"
(New=York 1869) erlebte innerhalb eines Jahres vier
Auflagen; es ist reich an praktischen, beherzigenswerthen
Gedanken und allem Anscheine nach aus großer Vorliebe
für den betreffenden Gegenstand hervorgegangen. Ed.
Wiebe's großes Werk „The Paradise of Childhood"
(Springfield 1869) ist nach Goldammer gearbeitet und
bietet eine treffliche, gut geschriebene Darstellung des
Fröbel'schen Systems, mit dessen Details der Verfasser
außerordentlich gut vertraut ist. Auch Douai's Werk
über den Kindergarten (New=York 1871) hat seine guten
Seiten; nur ist es etwas zu kurz gefaßt und sind die
darin enthaltenen englischen Uebersetzungen deutscher Ge=
dichte nicht immer, wie man sie gerne haben möchte.
Mathilda Kriege's Buch „The Child, its nature and re-
lations" (New=York 1872) ist eine freie, den amerika=
nischen Verhältnissen angepaßte Bearbeitung des Werkes
„Das Kind und sein Wesen" von der verdienstvollen

Berliner Kindergärtnerin Marenholtz-Bülow. Die Erin=
nerungen der letztgenannten Schriftstellerin an Friedrich
Fröbel hat, beiläufig bemerkt, die bereits mehrfach er=
wähnte Frau Mann in das Englische übersetzt und 1877
in Boston erscheinen lassen.

Hailmann, der frühere Redakteur der deutsch=ameri=
kanischen Schulzeitung, lieferte in seinem Werkchen „Kin=
dergarten Culture" (Cincinnati 1873) eine gedrängte Dar=
stellung des Wesens und Zweckes der neuen Erziehung
und wirkte auch dafür durch Herausgabe einer englischen
Monatsschrift. Das von Herrn und Frau Kraus in
New=York in englischer Sprache verfaßte Lehrbuch des
Kindergartensystems dürfte als das ausführlichste in Ame=
rika erschienene Werk über die „neue Erziehung" bezeich=
net werden. Eine englische Ausgabe der Fröbel'schen,
theilweise sehr geschmacklosen „Mutter=, Spiel= und Kose=
lieder," besorgte Frau Peabody (Boston 1879).

In der Neuzeit ist dies jedoch anders. Das Kinder=
gartensystem bildet bereits das Steckenpferd zahlreicher
amerikanischer Damen, die es nicht an Mitteln fehlen
lassen, Schulen nach Fröbel's Ideen zu errichten und zu
unterhalten.

Als vor Kurzem einige Damen im Staate New=York
einen Verein bildeten, um die poetischen und prosaischen
Produkte der Schriftstellerinnen des genannten Staates
zu sammeln und unter dem Kollektivnamen „The Distaff
Series" zu veröffentlichen, da beauftragten sie die erfah=
rene Kindergärtnerin Kate Douglas Wiggin, alle von

New-Yorker Lehrerinnen stammenden Reden und Abhandlungen über die Fröbel'sche Erfindung unter dem Titel „The Kindergarten" zusammen zu stellen und als einen Theil der genannten Serie erscheinen zu lassen, was denn auch 1893 geschehen ist.

Den Reigen dieser im Harper'schen Verlage erschienenen Aufsätze eröffnet die Herausgeberin selber mit einem gedankenreichen Essay über das Verhältniß des Kindergartens zur Socialreform. Sie geht von der Ansicht aus, daß durch die Verbreitung der Bildung die Zahl der Verbrechen vermindert wird. Man sammelt statistische Notizen aller Art, um die Gründe auszufinden, welche Menschen zu Verbrechern machen; aber man denkt nicht daran, diese Gründe durch eine früh begonnene Erziehung zu beseitigen.

Fröbel's System ist deshalb in dieser Hinsicht von großer Wichtigkeit, weil es die Schule in die engste Berührung mit dem Leben bringt; es erreicht bei gewissenhafter, dem Geiste des Erfinders gerecht werdender Anwendung, selbst die Aermsten, und gewährt allen eine gemeinsame, heitere und glückliche Heimat, deren wohlthätiger Einfluß sich auch auf das Elternhaus erstreckt.

Im Kindergarten erhält der Schüler eine geistige, moralische und körperliche, mithin eine harmonische Erziehung; gerade das moralische Element ist hier insofern von weitgehender Bedeutung, als es im Allgemeinen von der öffentlichen Schule vernachlässigt wird, und zwar aus dem einfachen Grunde, weil dort der religiöse Unterricht verboten und man betreffs einer dogmenfreien Morallehre noch zu keinem Entschluß gekommen ist.

Außer dem erwähnten Aufsatze enthält unser Büchlein noch mehrere lesbare Arbeiten, in denen der Fröbelsche Kindergarten theils von der philosophischen, theils von der praktischen Seite eingehend behandelt wird.

Ausschließlich praktischen Charakters ist der 1893 in St. Louis erschienene stattliche, mit zahlreichen erläuternden Illustrationen geschmückte Quartband „Practical Suggestions for Kindergartners, Primary Teachers and Mothers, by Jeanette K, Gregory". Das Werk bezweckt, das Kind mit seinen Beziehungen zur Familie, zum Staat und zur Kirche anschaulich vertraut zu machen. Jedem genau detaillirten Wochenberichte liegt ein bestimmter, jene Beziehungen repräsentirender Gedanke zu Grunde, der dann in verschiedenen Spielen, Liedern, Erzählungen und Arbeiten zum Ausdruck gelangt, so daß dies Buch als eines der brauchbarsten der neuesten Kindergarten-Literatur bezeichnet werden muß.

Gegenwärtig existiren ungefähr 2,000 Kindergärten in den Vereinigten Staaten; gegen 1200 derselben sind jedoch Privatunternehmen.